RETURN TO:
FOREST HILL PUBLIC LIBRARY
6962 FOREST HILL DRIVE
FOREST HILL, TX 76140

REFRANES DE NUESTRA TIERRA

Amistad - Amor - Costumbre

imaginador

Refranes de nuestra tierra / compilado por Elsa Felder - 1a ed. reimp. - Buenos Aires :
Grupo Imaginador de Ediciones, 2008.
128 p. ; 18x13 cm.

ISBN: 978-950-768-245-2

1. Literatura Folklórica. 2. Refranes. I. Elsa Felder, comp.
CDD 398.2

Compiladora: Elsa Felder

Primera edición: diciembre de 1998
Última reimpresión: febrero de 2008

I.S.B.N.: 978-950-768-245-2

Se ha hecho el depósito que establece la ley 11.723
© GIDESA, 2008
Bartolomé Mitre 3749 - Ciudad Autónoma de Buenos Aires
República Argentina
Impreso en Argentina - Printed in Argentina

Se terminó de imprimir en Mundo Gráfico S.R.L., Zeballos 885, Avellaneda,
en febrero de 2008 con una tirada de 2.000 ejemplares.

No se permite la reproducción parcial o total, el almacenamiento, el alquiler, la transmisión o la transformación de este libro, en cualquier forma o por cualquier medio, sea electrónico o mecánico, mediante fotocopias, digitalización u otros métodos, sin el permiso previo y escrito del editor.
Su infracción está penada por las leyes 11.723 y 25.446.

> *Paréceme, Sancho, que no hay refrán*
> *que no sea verdadero, porque son*
> *sentencias sacadas de la misma*
> *experiencia, madre de las ciencias*
> *todas...*
> **Cervantes: "Don Quijote"**

Prefacio

El refrán, dicho o sentencia aleccionadora, es una frase que advierte un error, marca un camino, indica o critica una actitud, amonesta o rubrica una acción, la cual, al pasar de generación en generación se tornó refrán, experiencia resumida en pocas palabras. El refrán es anterior a toda literatura pues nació de la primera experiencia recogida por el hombre y trasmitida a sus sucesores. Y así no hay acto de la vida que no esté acompañado por un refrán. Y por eso, al ser recopilados en refraneros pueden estas breves sentencias ser agrupadas por temas atinentes a las distintas fases de la vida humana.

El refranero criollo nace de la fusión del antiguo refranero español con la viva realidad americana. El antiquísimo repertorio que se trasmitía oralmente de generación en generación, reformándose y enriqueciéndose al pasar anónimamente de boca en boca, fue recogido por espíritus curiosos en las colecciones que llamamos refraneros. Ya desde los albores de nuestro idioma hallamos las huellas de las antiguas sentencias en colecciones como la del famoso Marqués de Santillana, a la que graciosamente tituló *Refranes que dicen las viejas tras el fuego* y que fue el primer refranero de la lengua castellana. Otra colección nombrada es el *Vocabulario de refranes y frases proverbiales y otras fórmulas comunes de la lengua castellana* de Gonzalo Correa, cuya aparición se remonta a fines del siglo XVI o comienzos del XVII. Y no olvidemos el frondoso y a veces disparatado refranero de Sancho Panza en el *Don Quijote*, esos refranes del escudero que, repetidos a veces sin ton ni son, hacían la desesperación del caballero andante.

Todos esos refranes, que el pueblo español desgranaba a lo Sancho en sus conversaciones, pasó con los conquistadores a las tierras americanas y, así como al correr del tiempo españoles y criollos se vieron en la necesidad de cambiar sus prendas de vestir por las que tomaron del indígena (el poncho, el chiripá, el sombrero panza de burro y la bota de potro), el vocabulario de las sentencias importadas de la península trocó sus voces por las del mestizaje y los nombres de los animales europeos por los de la fauna de la nueva tierra. Así el avestruz se convirtió en el ñandú, el tigre en el yaguareté, el armadillo en el quirquincho o el peludo, e hicieron su aparición la yarará, la llama, el cóndor, el chajá y el cuis, entre tantos otros especímenes de la fauna indígena. También expresiones como estar maneado, que nos remitía a la manea o lazo colocado en las manos de las caballerías para sujetarlas, se cambió por estar boleado, es decir, impedido de moverse por un certero tiro de las boleadoras.

También hace su aparición en el refranero criollo un personaje que siempre es tratado despectivamente, tanto como el cajetilla ciudadano, por su desconocimiento de las costumbres y la ciencia gauchescas.

Y esta ciencia del hombre de nuestra campaña, en las diversas regiones de nuestro país, resplandece en los refranes que con dedicación han recogido los estudiosos de nuestro folklore a partir, quizás, de la recopilación folklórica a nivel nacional que en el año 1921 realizó el Consejo Nacional de Educación, encomendando a los maestros de todo el país la búsqueda y recolección de todos los elementos del saber autóctono que, trasmitidos oralmente, permanecieran vigentes en el ámbito donde se desempeñaban. El resultado fue la extraordinaria *Colección de folklore* que superó las cuarenta mil piezas manuscritas y que, bajo la dirección de Ricardo Rojas, transcribió, seleccionó y separó en especies el Instituto dependiente de la Facultad de Filosofía y Letras de la ciudad de Buenos Aires.

Así aparecerá, al margen de la recopilación folklórica general del Consejo Nacional de Educación, un *Refranero* tan importante como es el de Ismael Moya o algunos regionales como el *Refranero de Catamarca* de Carlos Villafuerte.

Espigando en esas importantes colecciones, en los recuerdos de aquellos ancianos que conservan en su memoria los dichos, las sentencias, las expresiones y los refranes típicos trasmitidos por sus antepasados o tomados del medio en que actuaron, y en los textos que han recogido el saber del habitante de las campañas, es que se ha formado esta colección con la que deseamos volver a popularizar muchos sabrosos refranes y dichos hoy casi perdidos.

Y terminaremos este comentario con una estrofa de Joaquín V. González, quien tanto se consustanció con nuestra tradición, que merece ser recordada:

¿Y la ciencia del pueblo? Si es que buscan
asuntos nuevos, de profunda miga,
de hondo saber, percute el alma ingenua
del paisano argentino: cuatro razas
volcáronle su limo fecundante
de dolor y de ciencia, que es todo uno.

Y la superstición y la conseja,
y la intuición nativa, y el consorcio
con los más sabios animales, todo
creó en su mente un mundo aún velado
para los doctos del folklore informe.

Vivir criollo

Vivir criollo

Cuanto más se vive más se apriende.

El gaucho sin su caballo es como vela sin pabilo.

Para el gaucho, todo es huella.

En la puerta del horno se quema el pan.

Donde se come pan, migas quedan.

Cuanto más se golpea la masa más sabroso sale el pan.

Agua fría y pan caliente nunca hicieron buenos dientes.

Decir adiós no es dirse.

Detrás del balde va la roldana.

Cuando la soga es corta, es al ñudo echar el balde.

Candil sin mecha, poco aprovecha.

Tras el hambre, viene el matambre.

A buen hambre no hay pan duro.

A falta de pan buenas son tortas.

Panza llena, corazón contento.

No hay carne fiera pa' el que sabe asarla.

El que no tiene cuchillo come a tirones.

Habiendo charqui y cebolla nunca falta quien preste la olla.

Escoba nueva siempre barre bien.

No hay lazo que no reviente ni argolla que no se gaste.

Lindo pial si no se corta.

Con paciencia y con trabajo, trenzando se hace el lazo.

Lacito de mucha armada no puede voltiar la res.

No hay domador que no se caiga ni enlazador que no yerre.

Es otro tiento de la misma lonja.

Más vale trote que dure y no galope que canse.

Quien siembra espinas que no ande en pata.

Algo busca en tu recado quien te galopa al costado.

Quien tenga hacienda que la atienda y si no que la venda.

El ofrecer no empobrece.

Cacarear no es poner huevos.

Al revés se ha puesto el poncho.

No hay que dar por el pito más de lo que el pito vale.

¡Qué risa le da al talón cuando la media está rota!

Cama de rancho, nido de carancho.

El rancho con buen cimiento no le teme a ningún viento.

A rancho de pobre no se allegan matreros.

Más vale un dichoso en burro que un infeliz a caballo.

Es al ñudo picanear cuando la picana es corta.

No se clava un poste sin abrir aujero.

Cuña del mismo palo nunca es buena.

Marca'e fuego no se borra.

No es ni chicha ni limonada.

A río revuelto, ganancia de pescadores.

Aprovechate, gaviota, que no te verás en otra.

A buen monte vas por leña.

No ha de venderse el cuero cuando ha de carnearse ajeno.

No hay que cargarse de achuras estando la res colgada.

Al rico le ponen silla y al pobre le sacan banco.

Planta de parra, el que no tenga plata que no haga farra.

Donde manda patrón, no manda peón.

Asigún sea el gaucho, es el agasajo.

El gaucho más vistoso cai debajo del más roñoso.

Barriga'e pobre que reviente antes que sobre.

Pata que nació pa'ojota, nunca se pondrá la bota.

No es pa'todos la bota'e potro.

Cuando se está en el baile hay que bailar.

Quien canta, sus penas espanta.

Ponchito de poco trapo, es puro fleco nomás.

Cada uno sabe dónde le aprieta el zapato.

No podemos trotar y ahora resulta que vamos a galopar.

El gringo platudo y el gaucho pobre como el peludo.

Cuando el corral es chico hasta los gringos enlazan.

A la que te criaste, tero, rancho'e paja, puerta'e cuero.

Humo y mala cara sacan la gente del rancho.

El que nace para chifle no hai de ser corneta.

Para ser gaucho matrero, hay que tener buen pingo y buen apero.

Lo que el médico yerra lo tapa la tierra.

El que llega último a la carneada se lleva la mejor achura.

Hicieron el barro y no supieron cómo hacer el adobe.

El que tenga techo'e paja no apedree el del vecino.

En casa de herrero, cuchillo de palo.

Pa' morir no hay como estar vivo.

Hablando de Roma, el Papa se asoma.

Hoy por ti, mañana por mí.

Ojos que no ven, corazón que no siente.

La ley es más enredada que lengua de tartamudo.

Los vicios

Los vicios

Agua y yerba para el gaucho es riqueza.

Mate amargo y china pampa sólo por necesidad.

Me gusta el mate si la yerba no se quema.

Ya tenés mate, tripa callate.

Alcance... que amargo tomo.

Habiendo mate y cueva, déjale que llueva.

Si te convidan con mate no andés mirando la yerba.

Andá nomás con tu azúcar que yerba no te ha de faltar.

Más alegre que día de mate con tortas fritas.

Tomar mate y no pitar es como abrazar y no besar.

Como los mates, sirvo si me abren la boca.

Es más viejo que el agujero del mate.

Es lindo llegar a tiempo cuando mate están cebando.

Eso es calentar el agua pa' que otro se tome el mate.

Vos calentá el agua que otro se tomará el mate.

De ande yerba, si es puro palos.

Tabaco, vino y mujeres, echan al hombre a perder.

Huye a mujer o a chiquilla besada como bombilla.

Donde entra mucho vino, todos los vicios hacen camino.

Beber con medida alegra la vida.

El buen vino resucita al peregrino.

Fiesta sin vino no vale un comino.

Sobre la carne, el vino; sobre el mate no lo estimo.

Jamón y vino añejo estiran el pellejo.

El vino como el rey y el agua como el buey.

De buen vino buen vinagre.

Ajo crudo y vino puro pasan el puerto seguro.

A cama mala, colchón de vino.

Chupá nomás, que otro paga...

Tomo y obligo y pago lo que tomo.

Hable mi vecino y tenga mi bota de vino.

El vino da para todo menos para camisa.

El agua gasta el puente y el vino la cabeza.

El que se embriaga, su bolsa lo paga.

Donde entra el beber sale el saber.

Gran falta es beodez en mocedad o en vejez.

El que come y no pita, es como el que se pierde y no grita.

El hombre

El hombre

Pa'l gaucho de casta todo el mundo es cancha.

Palabra de hombre es más que firma de escribano.

Al mejor parador se le atraca el estribo.

No hay gaucho apresurao que no se pise el poncho.

Aquí el que no corre, vuela.

Codicioso y tramposo, los dos al pozo.

Quien mal anda, mal acaba.

Más pronto se atrapa al mentiroso que al cojo.

Hombre pobre, hiede a muerto.

Quien bien te quiere te hará llorar.

No hay mejor espejo que amigo viejo.

El que pregunta no yerra.

REFRANES DE NUESTRA TIERRA

El que mucho habla, mucho yerra.

La vergüenza era verde y se la comió un burro.

Para candil semejante, es mejor dormir a oscuras.

Más inocente que el que ató la gallina al pasto.

Al que anda en la miel, algo se le pega.

Cara de miel, corazón de hiel.

Cara de beato y uñas de gato.

Dios da pan al que no tiene dientes.

A mal tiempo, buena cara.

A todo haragán las cabras se le van.

Porque me ven poncho'e lana, pensarán que soy carnero.

Para disfrutar placeres es preciso sentir penas.

Sarna con gusto no pica, pero mortifica.

El sol es el poncho de los pobres.

Dios nos librará de plata pero nunca de pintores.

Enemigo que se ve no es más que medio enemigo.

Muchas manos en un plato, hacen mucho garabato.

Una mano lava la otra y las dos lavan la cara.

Da una en el clavo y las demás en la herradura.

El miedo no es zonzo, zonzo es el que no dispara.

Pa' las barbas son las navajas.

Peligra el que tiene gallos cuando está en el reñidero.

Al que quiera celeste, que le cueste.

El que nació pa chicharra tiene que morir cantando.

El que nació pa' carnero desde chiquito es frentón.

Cuando la limosna es grande hasta el santo desconfía.

Cuando uno anda en la mala hasta en lo seco resbala.

Anda más cortao que oveja trasquilada por gringo.

No se agrandan los petizos ni al chancho le salen plumas.

No hay como perderse pa' hacerse baqueano.

No hay matrero que no caiga ni arisco que no se amanse.

No hay matrero que no caiga después de una larga seca.

No hay mal que dure cien años ni cuerpo que lo resista.

El churrasco pa' mis dientes y el cuero pa' mis parientes.

Pa' boca hambrienta no hay carne hedionda.

Cuchillo grande, hombre maula.

Pobre mozo forastero, ni tiene donde colgar su apero.

El vivo vive del zonzo y el zonzo de su trabajo.

Ladrón que roba a otro ladrón tiene cien años de perdón.

Naides se rasca pa' abajo ni se lonjea contra el pelo.

Nunca falta un roto para un descosido.

El frío es según las pilchas.

Unos se llevan la lana y otros cargan con la fama.

El que espera, desespera.

Sobre llovido, mojado.

Un clavo saca otro clavo.

Para el "tomá" y el "¡fuego!" no hay viejo sordo ni lerdo.

Reírse no es lo mismo que arrugar la cara.

Nadie es baquiano en pago ajeno.

Hombre corrido, mejor marido.

Demen cancha que mi overo pide rienda.

No me apuren si me quieren sacar bueno.

Pa' qué se la da de tísico si no sabe ni toser.

Cada cual se agarra con las uñas que tiene.

Quien canta, sus males espanta.

El pariente como Dios te lo diere; el amigo como tú lo eligieres.

A mocedad ociosa, vejez trabajosa.

Hijo eres y padre serás, cual hicieres, tal habrás.

Cual te veo, tal te juzgo y tal te creo.

El hombre es como el oso, cuanto más feo más hermoso.

La mujer

La mujer

La mujer que mucho mira, poco hila.

La mujer del ciego, ¿pa' quién se pinta?

No hay rodeo sin golpeados ni moza sin pretensiones.

No hay mujer sin tacha ni petizo sin maña.

La mujer, mala o buena, más quiere freno que espuela.

La mujer y el café ardientes han de ser.

A la mujer y a la cabra no hay que darles soga larga.

Palabra de mujer es como renguera de perro.

Más trabajo da la moza de casar que la de criar.

Manean más las enaguas que cualisquier boleadora.

Tira más una teta que una carreta.

El amor

El amor

El amor no se alcanza sino con amor.

Amor forastero se va ligero.

Amor que apura, no dura.

Amor que dentra al trote se va al galope.

El amor que yo te tuve, conforme vino, se fue.

Amor y risa no dan para camisa.

El amor y la fe en las obras se ve.

El amor y el melón no se pueden ocultar.

Amor con amor se paga.

Flor en el pecho, amor deshecho.

Donde hubo fuego, cenizas quedan.

Amor, a tener paciencia, que el tiempo todo lo alcanza.

Amor de vieja, celos y quejas.

En la güeya del querer no hay animal que se pierda.

Es zonzo el cristiano macho cuando el amor lo domina.

Hasta lo feo hermosea el deseo.

Más discurre un enamorado que dos abogados.

Riñas de enamorados, amores doblados.

Porque te quiero te aporrio.

Para un amor sin provecho, más vale un saco de afrecho.

Cuando el amor es fingido en el aire es conocido.

Más vale pan con amor, que gallina con dolor.

Si hubiera amor para vender, yo compraría para tener.

Amor pobre y leña verde arden cuando hay ocasión.

El juego

El juego

Más cuesta aprender un vicio que aprender a trabajar.

El juego no da ni pa' camisa.

Plata de juego, agua entre los dedos.

Plata de vicio trae maleficio.

Cuentas de juego saben a duelo.

La mejor suerte de los dados es no jugarlos.

A los naipes los maneja el diablo.

No hay naipe fiero para el jugador mañero.

Carta vista, vuelta al mazo.

Copada la banca, se acabó la jugada.

Se le dio vuelta la taba.

Al ñudo son las tiradas cuando la taba es culera.

Freno de plata, carreras no gana.

En juego, de enero a enero, la plata es del banquero.

Juego de manos, juego de villanos.

Cuando se corre una fija no hay que cansarse en partidas.

De balde tira la taba porque siempre ha de echar culo.

Los animales, espejos del ser humano

Los animales, espejos del ser humano

Todo bicho que camina va a parar al asador.

Bicho que vuela va a la cazuela.

Animal de campo no come pasto cortao.

A asno lerdo, arriero loco.

Hay muchos burros del mesmo pelo.

Ladino como burro dañino.

Más quiero asno que me lleve que caballo que me desnuque.

A burro viejo, pasto tierno.

Burro viejo no agarra trote.

Una vez arriba del burro hay que taloniar nomás.

¡Qué sabe el burro de caramelos!

A donde entran los burros no entran yeguas.

Es el mismo bagual con diferente bocado.

Redomón negao al fierro se echa a pastoriar con freno.

Entre muchos mancarrones el que es mañero no tira.

No da el potrillo pa' botas.

A caballo regalado no se le miran los dientes.

De caballo regalado, no importa el pelo.

Caballo amadrinao, a la yegua vuelve.

Caballo arisco, cabestro corto.

Caballo de todos como el reyuno.

Es inútil taloniar si el caballo está boliao.

El caballo aquerenciado a más de un gaucho ha salvado.

Pa'l que anda con el freno en la mano, no hay caballo flaco.

Alazán tostao, antes muerto que cansao.

Malacara porque no es tuyo.

Caballo que alcanza, ganar quiere.

Con un solo caballo no se forma tropilla.

En la cancha se ven los pingos.

Al caballo que se empaca, estaca.

Sin espuelas ni freno no hay caballo bueno.

El amigo y el caballo están pa' las ocasiones.

No me fío del padrillo que ve yegua y no relincha.

A mancarrón viejo, pasto verde.

Patada de yegua no mata caballo.

Yegua madrina potros arrastra.

Al potro, dómelo otro.

El que quiera mula sin tacha que ande a pie.

Flete y buey no tiran juntos.

Cuando la mula recula es señal que va a patear.

Andando se hacen los bueyes.

Dónde irá el buey que no are.

El buey que se ladea no cincha.

El buey suelto bien se lame.

El buey lerdo toma el agua turbia.

Entre bueyes no hay cornada.

Al buey caído tuitos le hacen guascas.

Anda lo mismo que el buey, arando pa' que otros coman.

Hay bueyes que aran muy lindo y en la carreta no tiran.

En una tropa grande nunca falta un buey corneta.

Más vale churrasco al fuego que ternera en el corral.

En tierra ajena, la vaca al buey cornea.

Cuando es manso el ternerito, de cualquier vaca se priende.

El que se ha quemao con leche cuando ve una vaca llora.

No porque bale el ternero es que la vaca se ha ido.

Cuanto más pasto pa' la vaca más leche para el ternero.

Vaca y carnero, olla de caballero.

Si la vaca fuera honrada, no tendría cuernos el toro.

Después que se ahogó el ternero tapó Juan el aujero.

Cuando engorda el novillo, pide cuchillo.

No hay que meter la mano entre el novillo y el lazo.

Animal acollarao, no engorda.

La vaca chica, siempre es ternera.

De vicio balás, torito, estando en la boca'el tigre.

Cuando el toro se revuelca es señal que va a llover.

Ganao manso, chiflándolo se arrea.

El ojo del amo engorda al ganado.

Las haciendas se conocen cuando salen a pastiar.

No dura el cordero gordo en majada flaca.

Dura lo que un cordero gordo entre comilones.

Nunca cuentes los corderos antes de parir la oveja.

Cada oveja con su pareja.

Más oveja que una oveja.

Oveja, morirás vieja pero hasta el final oveja.

Oveja que bala pierde bocao.

Oveja que no se esquila, pierde la lana.

Balido de oveja ajena, acercate a tu tranquera.

La oveja más ruin es la que rompe el cerco.

Oveja contramarcada no es de mi majada.

Loca es la oveja que al lobo se confiesa.

La cabra tira al monte.

De tantas cabras siquiera un cabrito.

Cada chancho a su chiquero.

Difícil que el chancho vuele.

Pa'l chancho no hay como el barro.

Chancho limpio nunca engorda.

No se calla el chancho a palos.

Pa' lo que es el rancho bastante bueno está el chancho.

La culpa no la tiene el chancho sino quien le da de comer.

¡Qué sabe el chancho de freno ni el avestruz de bozal!

Le sienta como montura al chancho.

Hasta del chancho se aprende; nadie le enseña a rumbear.

Donde hay perros hay pulgas.

A perro flaco todas son pulgas.

Más corrido que perro en carnicería.

Cuanto más pelao el perro más pulgas aguanta.

A perro de buen olfato, sólo una seña le basta.

Perro que no camina, no come hueso.

¡A otro perro con ese hueso!

Para perro hambriento no hay hueso pelado.

Cuando uno anda en la mala hasta los perros lo mean.

Si no le das pan, el perro no te sigue.

El que da de comer a perro ajeno pierde el pan y pierde el perro.

Quien con perros se acuesta con pulgas se levanta.

Guardate del perro cimarrón si no llevás facón.

El perro con rabia a su dueño muerde.

Muerto el perro se acabó la rabia.

Cualquier cuzcó es rumbeador si le enseñan el camino.

Cuzco toreador, poco mordedor.

Perro que ladra no muerde.

Perro huevero, aunque le quemen el hocico.

Donde andan los perros sueltos nunca está seguro el zorro.

Mala tos le siento al gato.

El gato maullador nunca es buen cazador.

A gato viejo, laucha tierna.

Jugando... arañan los gatos.

Gato con guantes no caza ratones.

Sardina que lleva el gato, nunca más vuelve al plato.

REFRANES DE NUESTRA TIERRA

Mientras los gatos pelean, bailan los ratones.

Hijo de gata, ratones mata.

Desgraciao el ratón que no tiene más que un agujero.

Aunque la mona se vista de seda, mona queda.

Si me dan liebres, no quiero cuises.

Donde menos se piensa salta la liebre.

Vizcachón de vizcachera, con el humo sale afuera.

No hay zorrino que no hieda.

Hembra de zorrino no da cachorro que no huela mal.

Gama asustada, tigre en la rastrillada.

Hijo'e tigre, overo ha de ser.

Le llora la vista al tigre cuando la presa está cerca.

Tan fiero es el yaguareté como su cachorro.

Hasta el puma sale a la huella si hay agua en ella.

¡Qué van a enseñarle al zorro lo que son gallinas!

Al zorro dormido no le amanece gallina en panza.

Por más zorro que sea no me ha de mascar el lazo.

El zorro pierde el pelo pero no las mañas.

Cuando predica la zorra, hay que cuidar los pollos.

El que con zorras anda a robar aprende.

Muda el lobo los dientes pero no las mientes.

Un lobo en un rebaño hace mucho daño.

¿Qué le ha de aconsejar el avestruz al venado?

Cosa bárbara, un avestruz haciendo gárgaras.

Quedó como avestruz contra el cerco.

Ñandú que te da la cara, te prepara la patada.

Ave lo mismo ha de ser, salga pato o gallareta.

REFRANES DE NUESTRA TIERRA

Se conoce al pato por la pisada.

¡Al agua, patos, que se seca el charco!

¿Qué más quiere el pato sino que lo echen al agua?

Carancho y pollo, nunca en el mismo frangollo.

Conforme el carancho, así es el rancho.

Cada carancho a su rancho.

Cuervo que vuela alto, seguro que mira lejos.

Cuando el halcón grita, caza quiere.

Oye cantar al gallo y no sabe dónde.

Gallo que no canta, algo tiene en la garganta.

Gallo que canta temprano, ronco amanece.

Al gallo nuevo no le gusta el gallinero.

Lo que el gallo hace, la gallina pone.

Más vale un huevo hoy que gallina mañana.

Gallina que escarba, gusano saca.

Algunas gallinas desprecian el maíz por el marlo.

Gallina vieja hace caldo gordo.

Triste es la casa donde la gallina canta y el gallo calla.

El pobre cría la gallina, el rico se la come.

No hay que gastar pólvora en chimango.

Nunca se vio chimango criando perdices.

Chimango que comió, voló.

Dijo el chimango al carancho: ¡salí, rapaz!

Gaviota que se llena, vuela.

Por el nido se conoce el pájaro.

Demasiado nido pa' lo que's el pájaro.

Una golondrina no hace verano.

Más vale pájaro en mano que ciento volando.

La perdiz, por el pico se pierde.

Canta al alba la perdiz, más le valiera dormir.

Quien cazó la paloma que se la coma.

El primer maíz va pa'l loro.

Los primeros choclos son pa' los loros.

Loro viejo no aprende a hablar.

De miedo a los loros no se siembra la chacra.

Arriesga el sapo a volar y la víbora a cocear.

Entre víboras no se pican.

Garrapata vieja, se priende más juerte.

Hijo de vinchuca, en cuanto nace chupa.

Poca langosta, mucha mosca.

En boca cerrada no entran moscas.

Las plantas

Las plantas

Fierita es la planta, la riegan y no adelanta.

Hacha que corta el tronco, no es amiga del árbol.

Cortando el árbol se acabó la sombra.

Árbol que crece torcido ya nunca se lo endereza.

La espina que ha de pinchar desde chica tiene punta.

Al grano, que a la paja se la lleva el viento.

De semilla de cardo, cardo tiene que nacer.

De algarroba buena, sale buena aloja.

En la higuera se comen las brevas.

Año de brevas, nunca lo veas.

Para comer higos hay que esperar las brevas.

Se acabaron los higos, se acabaron los amigos.

Todos toman naranjada y el pobre naranjo nada.

En tiempo'el durazno me río 'e la pera.

Cabeza blanca y cola verde, como la cebolla.

Por el choclo se come el puchero.

Sacale la barba al choclo si querés que valga el grano.

Yerba mala nunca muere.

Con leña verde no se priende el fuego.

Como palito de jarilla, a los pobres nos echan a la otra orilla.

La travesía

La travesía

Somos huelleros y por la huella andamos.

El mal camino andarle pronto.

En el camino se arreglan las cargas.

Con pan y vino se hace el camino.

Arreando se hace el camino.

Piensa el dañino que todos van por su camino.

No por mucho madrugar amanece más temprano.

Lo que no mata, engorda.

Ocasión se halla cuando sobran ganas.

La ocasión es como el fierro, se ha de machacar caliente.

Buena vida dura poco y el que la pierde es un loco.

Si no me agarran al trote, menos será galopando.

Vale más andar de a pie que con el recao al hombro.

No vale mirar las piedras después que se ha tropezao.

Un tropezón no es caída.

El que venga atrás que arree.

Carreta parada no hace jornada.

Pare el carro que hay mucho barro.

El agua

El agua

Cuando hay sequía sólo de agua se habla.

Cuando se agota el pozo se conoce cuánto vale el agua.

Agua que no has de beber, déjala correr.

Es mejor buscar la fuente que seguir la corriente.

Agua parada, contiene bichos.

Aguas tranquilas, hacen lanas de sapo.

Cavando se saca agua.

Cuando más hondo es el río, hace menos ruido.

Agua que el río baja, arriba no ha de volver.

Calcule la correntada si es que va a tirarse al agua.

Siempre se escarba mejor la tierra recién mojada.

El clima y las labores agrícolas

El clima y las labores agrícolas

Un poco'e solcito no es lindo día.

Cuando cantan las ranas, el tiempo cambia.

Cuando la perdiz canta, nublado viene.

Arreboles al anochecer, agua o viento al amanecer.

No hay mejor señal de agua que cuando llueve.

A las tres neblinas, llueve.

Puede ser que tronando llueva.

Diciembre ventoso, enero lluvioso.

Arrebol de mañana, noche con agua.

Viento del este, agua como peste.

Lluvia del oeste, lluvia de peste.

Norte claro y sur oscuro, aguacero seguro.

Cielo empedrado, suelo mojado.

Cielo algodoncito, agua al cantarito.

Precisa que truene pa' que llueva fuerte.

Siempre que llovió, paró.

Invierno muy hermoso, verano lluvioso.

Año de heladas, año de parvas.

Dejate'e cantar, chicharra, que todavía va a helar.

Luna de enero, luna de resero.

Curdela como el mes de enero que no tiene un día fresco.

Agua tronada, poco o nada.

Agua con sol, sin duración.

Aguas de enero, dan para puchero.

Agua de marzo, peor que la mancha en el paño.

Cuando marzo mayea, mayo marcea.

Agua de mayo, pan para todo el año.

Julio lluvioso, agosto generoso.

Si julio trajo nieve, agosto traerá la muerte.

Agua de agosto, azafrán, miel y mosto.

Agosto es el de la fama y setiembre el de la cama.

Octubre lluvioso, trigo precioso.

Si en noviembre truena, la cosecha será buena.

En noviembre, quien cava el suelo pierde.

Cuando la Semana Santa es marcial, el año es fatal.

En año bueno el grano es heno; en año malo la paja es grano.

Si llueve para San Silvestre, llueve para todo el semestre.

Nubes barbadas, viento a carretadas.

Tras norte duro, pampero seguro.

Viento norte que dura, tormenta segura.

Luna al salir colorada, anuncia que habrá ventada.

Viento surero, el calor corre ligero.

Puro grito como tormenta de verano.

Después de tanto tronar, ni una gota se ve asomar.

El que siembra el trigo come galleta.

Noche de invierno sombría, al siguiente hermoso día.

Si el arco iris ves al poniente, recoge el arado y vete.

Al labrador descuidado, las ratas le comen el sembrado.

Poda tardía y siembra temprano, si erras un año acertarás cuatro.

Por esperar agua del cielo, no dejes el riego.

Aprontá tu jagüel antes de la seca.

Consejos

Consejos

Antes que te cases, mira lo que haces.

En martes, no te cases ni te embarques.

A rico no debas y a pobre no prometas.

Más vale remiendo fiero que agujero bonito.

Al amigo y al caballo, no apretarlos ni cansarlos.

El que no llora no mama.

Come callado lo que has hallado.

Mal que no tiene cura, hacele la cara dura.

Cría buena fama y échate en la cama.

No te dejés agarrar con el caballo cansado.

Piantá, piojito, que te cacha el peine.

Guardate del perro cimarrón si no llevás facón.

Cuídate de perro rabioso y de hombre sospechoso.

No ensille ajeno, aparcero, sin averiguar la marca.

Ventajear al ventajero no es pecao para el infierno.

No estirés mucho las piernas si dormís en catre corto.

No se agrande, aparcero, que parada no es estación.

No tenga pena por prenda ajena.

Toma casa con hogar y mujer que sepa hilar.

Volvete, peludo, que ésa no es tu cueva.

Dios y los Santos

Dios y los Santos

Dios aprieta pero no ahoga.

Dios sabe sacar en ancas.

Dios castiga sin palo y sin chicote.

Dios da el frío conforme a la ropa.

Dios da la llaga y da la medicina.

El hombre propone y Dios dispone.

A quien madruga, Dios lo ayuda.

A Dios rogando y con el mazo dando.

Sin el permiso de Dios la muerte no mata a nadie.

Al que Dios no le da hijos el diablo le da sobrinos.

Dios los creó y el diablo los amontonó.

Dios te conserve la vista que el tragadero lo conservás solo.

De vicio mira pa'l cielo quien no nació para santo.

Si no lo da el campo, cómo quiere que lo dé el santo.

San Antonio bendito, que me quiera ese mocito.

Ver para creer, como Santo Tomás.

El Diablo y otros espantos

El Diablo y otros espantos

El diablo no duerme.

Lo que del diablo viene el diablo se lo lleva.

El diablo sabe por diablo pero más sabe por viejo.

El diablo hace la olla pero olvida la tapa.

Madrastra, el diablo la arrastra.

El diablo, harto de carne, se metió a fraile.

Detrás de la cruz está el diablo.

En arca de avariento el diablo yace adentro.

Más vale diablo conocido que santo por conocer.

El hombre es fuego, la mujer estopa; viene el diablo y sopla.

Las viejas tienen un punto más que el diablo.

El diablo esconde los cuernos pero se olvida del rabo.

A mí no me asustan sombras ni bultos que se menean.

De buenas intenciones está sembrado el camino del infierno.

Comparaciones

Comparaciones

Pegado como garrapata.

Bravo como pulga de tapera.

Molesto como una mosca.

Se destacaba como mosca en leche.

Más pegao al amor que mosca a la telaraña.

Desparramaos como hormiguero patiao.

Seguidor como perro de sulky.

Estirado como perro al sol.

Se siente como perro en cancha'e bochas.

Más ñato que perro ratonero.

Prendido como perro en vaca muerta.

Serio como perro en bote.

Como perro en misa, si no le dan palo le dan paliza.

Astuto como el zorro.

Formal como burro en corral.

Tiene más vueltas que mula'e noria.

Más mañero que petizo de pueblero.

Mansa como lechera de ordeñar sin manea.

Más sobao que maniador de lechera.

Se vino como ternero a la ubre.

Aquerenciao como ternero guacho.

Como novillo de invernada, pura guampa y cuerpo nada.

Como buey pa'l trabajo.

Encarador como toro tuerto.

Cortito como parada'e chancho.

Rápido como chancho a las papas.

Se vino como gato al bofe.

Tranquilo como gato'e boliche.

Se defiende como gato panza arriba.

Avispao como ratón pa'l queso.

Pobre como ratón de iglesia.

Más pobre que una rata.

Lo sacaron disparando como rata por tirante.

Más arisco que el guanaco.

Enojado como comadreja chica.

Al trote como el peludo.

Volvedor como pato a la laguna.

Seco como parto'e gallina.

Más amarillo que patito recién salido del huevo.

Acorralado como ñandú contra el cerco.

REFRANES DE NUESTRA TIERRA

Más ligero que el ñandú.

Más seco que lengua'e loro.

Pura espuma, como el chajá.

Se dejó caer como el carancho.

Revuelto como nido de caranchos.

Clarito como huevo'e tero.

Más saludador que el tero.

Con más agachadas que el tero.

Triste como lechuza de panteón.

Siempre p'atrás como el cangrejo.

Más venenoso que yarará.

Salió como víbora que ha perdido la ponzoña.

Agarrado como abrojo.

Más hueco que una caña.

Más conocido que la ruda.

Más calao que sandía verde.

Manos frías como maíz de mandioca.

Más criollo que la batata asada.

Flojo como tabaco aventao.

Fuerte como tabaco de pito.

Duro como el ñandubay.

La pasa como pan que no se vende y harina que no se amasa.

Más chato que cinco'e queso.

Quedó como palo'e gallinero.

Más criollo que el caracú.

Compadres como un par de botas.

Más criollo que bota'e potro.

Es más viejo que andar a pie.

REFRANES DE NUESTRA TIERRA

No tiene lado como la alpargata.

Ancho como alpargata'e gordo.

Duro como alpargata en la lluvia.

Casi tan derecho como lista'e poncho.

Quedó callado como pava llena y sin fuego.

Más largo que putiada'e tartamudo.

Más largo que esperanza de pobre.

Más pelado que calavera de difunto.

Rápido como entierro de pobre.

Con más hambre que maistro d'escuela.

Se da vuelta como carreta en ladera.

Más arrollao que matambre en viaje.

Más embrollao que libreta de pulpero.

Más embrollao que tienda'e turco.

De un lao pa'l otro como mirada'e loco.

Avispao con los ojos como el dos de oro.

Pegó como pedrada en ojo tuerto.

Cayó como llovido del cielo.

Quedó como perejil sin hojas.

Está más triste que Viernes Santo.

Suavecito, como talón de angelito.

Tiene más vueltas que un caracol.

No tiene más que posturas como guitarrero lerdo.

Tiene más envites que truco entre mentirosos.

Más conversado que truco'e seis.

Lo traen como maleta de loco.

Mal rumbeao como bola sin manija.

Más manoseada que mostrador'e boliche.

Más nervioso que milanesa'e boliche.

Más metido que cuchara en guiso.

Más cortao que mondongo en guiso.

Más prendido que un botón.

Más golpeao que rodilla'e zapatero.

Cayó como pedrada en ojo ajeno.

Más mañero que mocito criao por abuelos.

Más estirado que ojal de camiseta.

Lo ladiaron como chiripá pa' miar.

Fiero como susto a medianoche.

Peligroso como puñalada'e tuerto.

Mandón como capataz de tropa.

Honrao como vasco viejo.

Ajustadito como pantalón de inglés.

Refranero del Martín Fierro

Refranero del Martín Fierro

José Hernández, en el *Martín Fierro*, registra refranes que andaban en boca del pueblo, y ellos han contribuido a dar a su obra verdadero sabor popular y hondo valor humano.

El gaucho Martín Fierro: dolor y rebeldía.

El que se tiene por hombre
donde quiera hace pata ancha.

No hay nada que enseñe tanto
como el sufrir y el llorar.

El hombre muestra en la vida
la astucia que Dios le dio.

No hay tiempo que no se acabe,
ni tiento que no se corte.

REFRANES DE NUESTRA TIERRA

Después que uno está perdido
no lo salvan ni los santos.

Sólo queda al desgraciado
lamentar el bien perdido.

Siempre el gaucho necesita
un pingo pa' fiarle un pucho.

Nunca debe aflojar uno
mientras hay sangre en las venas.

Pa' todos está escondida
la güena o la mala suerte.

¿Dónde irá el güey que no are?

Que son campanas de palo
las razones de los pobres.

Pues nunca le falta un yerro
al gaucho más advertido.

Habrá que hacer como el tero
que en un lao pega los gritos
y en otro pone los güevos.

Las estrellas son la guía
que el gaucho tiene en la pampa.

Si este mundo es un infierno
¿por qué aflijirse el cristiano?

Ya lo pasado pasó.
Mañana será otro día.

Mujer y perra parida
no se me acerque ninguna.

Nunca faltan encontrones
cuando el pobre se divierte.

Naides se rasca pa' abajo
ni se lonjea contra el pelo.

Pa' el lao en que el sol se dentra
dueblan los pastos la punta.

La vuelta de Martín Fierro: La soledad.

Siempre nos sirven las sombras
para distinguir la luz.

Jamás se para a cantar
en árbol que no da flor.

Pues el viejo como el horno
por la boca se calienta.

Porque no está la prudencia
reñida con el valor.

REFRANES DE NUESTRA TIERRA

Por dura que sea la suerte
no hay que pensar en la muerte
sino en soportar la vida.

Respetar tan sólo a Dios;
de Dios abajo, a ninguno.

La tierra es madre de todos
pero también da ponzoña.

La desgracia tiene hijos
aunque ella no tiene madre.

Porque el cardo ha de pinchar
es que nace con espina.

Hasta el pelo más delgao
hace su sombra en el suelo.

Todo bicho que camina
va a parar al asador.

Que la tierra no da fruto
si no la riega el sudor.

Donde no hay casualidá
suele estar la Providencia.

El hijo mayor de Martín Fierro - La penitenciaría. El padecimiento.

Jamás puede hablar el hijo
con la autoridá del padre.

El que anda sin dirección
es guitarra sin clavija.

Aprovechen la esperencia
del mal en cabeza ajena.

El dolor es más projundo
cuando no halla compasión.

El hijo segundo de Martín Fierro - El cinismo y el desamparo.

Con razón dice el refrán
que lo bueno dura poco.

Jamás llegués a parar
adonde veas perros flacos.

El primer cuidao del hombre
es defender el pellejo.

El diablo sabe por diablo
pero más sabe por viejo.

REFRANES DE NUESTRA TIERRA

Hacete amigo del juez...
pues siempre es bueno tener
palenque ande ir a rascarse.

Hasta la hacienda baguala
cai al jagüel con la seca.

No andés cambiando de cueva,
hacé lo que hace el ratón.

Vaca que cambia querencia
se atrasa en la parición.

El hombre no debe creer
en lágrimas de mujer
ni en la renguera del perro.

Dejá que caliente el horno
el dueño del amasijo.

El cerdo vive tan gordo
y se come hasta los hijos.

El zorro que es ya corrido
dende lejos la olfatea.

La vaca que más rumea
es la que da mejor leche.

Nunca escapa el cimarrón
si dispara por la loma.

Aprendé de las hormigas:
no van a un noque vacío.

Cada lechón en su teta
es el modo de mamar.

Es muy difícil guardar
prenda que otros codicean.

Al que nace barrigón
es al ñudo que lo fajen.

En las riñas he aprendido
a no peliar sin puyones.

Siempre encuentra el que teje
otro mejor tejedor.

Anduve cruzando al aire
como bola sin manija.

Pues que viva la gallina
aunque sea con la pepita.

Picardía - Viveza criolla.

Con una cincha bien puesta
se la pega uno al mejor.

El que no sabe no gana
aunque ruegue a Santa Rita.

Más cuesta aprender un vicio
que aprender a trabajar.

No vive más el leal
que lo que quiere el traidor.

El pobre tiene que andar
como perro con tramojo.

Es señora la Justicia...
y anda en ancas del más pillo.

Es lo mesmo que luz mala
para perderse de vista.

Andan lo mesmo que el güey
arando pa' que otros coman.

El gato busca el jogón
y ése es mozo que lo entiende.

Siempre es mejor el jogón
de aquél que carga galones.

Araña ¿quién te arañó?
Otra araña como yo.

La payada - Filosofías.

Que no está libre de faltas
quien no está de tentaciones.

El hombre debe mostrarse
cuando la ocasión le llegue.

Quien anda en pagos ajenos
debe ser manso y prudente.

Amoroso como el macá:
cría los hijos bajo el ala.

Para conocer a un cojo
lo mejor es verlo andar.

Nunca se halla una falta
que no exista otra mayor.

También da chispas la piedra
si la golpea el eslabón.

En los pájaros cantores
sólo el macho es el que canta.

El conocer su inorancia
es principio del saber.

Porque soy como los mates:
sirvo si me abren la boca.

La ley es tela de araña...
pues la rompe el bicho grande
y sólo enrieda a los chicos.

Es la ley como la lluvia:
nunca puede ser pareja.

La ley es como el cuchillo:
no ofiende a quien lo maneja.

El que por gusto navega
no debe temerle al mar.

Vive ya desesperado
quien no tiene qué esperar.

Alegrías en un pobre
son anuncios de un pesar.

Quien no nace para el cielo
de balde es que mire arriba.

Todos tienen que cumplir
con la ley de su destino.

Esto es lo que se llama
remachársele a uno el clavo.

Despedida.
Consejos de padre.

Un padre que da consejos
más que padre es un amigo.

Naides sabe en qué rincón
se oculta el que es su enemigo.

Es mejor que aprender mucho,
el aprender cosas buenas.

No aprovechan los trabajos
si no han de enseñarnos nada.

El primer conocimiento
es conocer cuando enfada.

Las faltas no tienen límites
como tienen los terrenos.

Aquel que defectos tenga
disimule los ajenos.

Siempre el amigo más fiel
es una conducta honrada.

Al rico nunca le ofrezcan
y al pobre jamás le falten.

La ocasión es como el fierro:
se ha de machacar caliente.

Si la vergüenza se pierde
jamás se vuelve a encontrar.

Por igual es tenido
quien con malos se acompaña.

Sepan que ningún vicio
acaba donde comienza.

No es vergüenza ser pobre
y es vergüenza ser ladrón.

Saber el hombre guardarse
es la gran sabiduría.

En la barba de los pobres
aprienden pa' ser barberos.

El fuego, pa' calentar,
debe ir siempre por abajo.

Siempre es dañosa la sombra
del árbol que tiene leche.

Es de la boca del viejo
de ande salen las verdades.

Refranero de Don Segundo Sombra

Refranero
de Don Segundo Sombra

Ricardo Güiraldes, en su *Don Segundo Sombra*, nos trae, junto a refranes de antigua prosapia hispana, otros de creación rioplatense y hasta algunos de propia formación literaria.

Hay que buscar las lomitas como las liebres para correr por lo parejo.

San Pedrino, el que no es mulato es chino.

Güeno es no querer volar hasta criar bien las alas.

A otro perro con ese hueso.

La isoca no hace daño cuando ya está en parva el lino.

Al fin todo lazo se corta.

No hay taba sin culo ni rodeo sin golpeados.

Una cosa es cantar solo y otra cosa es con guitarra.

Refranero del Fausto

Refranero del Fausto

Estanislao del Campo mecha con refranes graciosos el texto de su melodramático *Fausto* criollo, en el que se pasa de la risa y la ironía con que es narrada la historia, a la melancólica contemplación de un paisaje o al recuerdo doloroso de un amor perdido.

Refranes.

Bien puede haber dos burros del mesmo pelo.

Mandinga es capaz de dar diez vueltas a medio mundo.

El diablo la uña afila cuando está desocupado.

Hoy nos ríe la fortuna, mañana nos da un guascazo.

Expresiones.

Le han pelao la chala.

Manso como un trébol de olor.

Es una luz para la uña.

Se topó con la horma de su zapato.

Si te vi... no me acuerdo.

¡Quién te vido y quién te ve!

Se le chingó el cuete.

Expresiones criollas.

Hacer sebo.

Hacer pata ancha.

Hacer de tripas corazón.

Alzarse como leche hervida.

Pitar del juerte.

Tener el cuerpo como carne de charque.

No ha de ser de arriar con las riendas.

Ser de la mesma ley que los loros barranqueros.

Hacerse el taita.

Se le volvió la vaca, toro.

Hacerse el chancho rengo.

Más flojo que moco de pavo.

Apiñados como queresas en un tajo.

Muy cachorro pa' miar como los perros grandes.

Ser escoba de barrer sobras.

Ser como mosca pa' el tasajo.

Gatear como yaguareté.

Ser aplicao al frasco.

Meter la cuchara.

Ser como carne'e paloma.

Volverse el alma al cuerpo.

No estar como pa' alzar mozas en l'anca.

Quedar como peludo de regalo.

Quedar desplumado.

Criao como la biznaga.

Del suelo no va a pasar.

Con los brazos como alones de avestruz cansado.

No es quien para tomar velas en este entierro.

Flojo como una lonja mojada.

No tener condición de víbora para ir mudando pelechos.

Vocabulario

A-a

afrecho: salvado, cáscara de grano.
alazán tostado: de pelo color rojizo oscuro.
algarroba: fruto del algarrobo.
aloja: bebida alcohólica producida con la algarroba.
alpargata: calzado de lona con suela de soga que suelen usar los paisanos.
aparcero: entre los gauchos, amigo, compañero.
aporrio: aporreo, castigo.
apriende: aprende.
armada: forma en que se arma el lazo.
asigún: según.
aujero: agujero.

B-b

bagual: caballo cimarrón, salvaje o mañero.
baqueano: buen conocedor de una región o territorio.
beato: devoto exagerado y a veces hipócrita.
biznaga: planta de la familia de las cactáceas.
boleadoras: arma arrojadiza que consiste en tres bolas de piedra unidas por tientos.
boliao: boleado, atrapado por las boleadoras.
boliche: nombre popular del negocio de campaña, sobre todo el que despacha bebidas.
bota de potro: calzado hecho por el gaucho con el cuero de la pata de un yeguarizo, que no tiene puntera.
breva: primer fruto que da anualmente la higuera.

C-c

cabestro: riendas de la cabeza del caballo.
cai: cae.
cancha: terreno o espacio llano y abierto.
candil: utensilio para alumbrar dotado de un recipiente de aceite y mecha y una varilla para colgarlo.
cañamón: simiente del cáñamo que se utiliza para alimentar aves.
caracú: médula de los huesos de la res.
carancho: ave de rapiña que se alimenta de animales muertos.
carnear: descuerar y trozar la res.

casta: ascendencia o linaje / calidad.
cazuela: olla, generalmente de barro.
chajá: ave zancuda, muy recelosa y de carne muy fofa.
charqui: carne secada al sol.
chicharra: cigarra, insecto que produce un chirrido monótono y estridente.
chicote: látigo corto.
chifle: cuerno ahuecado para llevar pólvora o bebida.
chimango: ave rapaz de carne poco apreciada.
china: mujer del gaucho, generalmente mestiza.
chingolo: pájaro de canto muy melodioso.
chiripá: especie de manta que usa el gaucho cubriendo el calzoncillo con la punta de atrás levantada entre las piernas y sujeta por delante a la cintura.
churrasco: carne asada a las brasas.
cimarrón: salvaje, montaraz / mate amargo.
copar: en el juego, conseguir la banca.
cuis: roedor parecido al conejo de indias, con cola y orejas pequeñas.
curdela: borracho, ebrio.
cuzco: perro pequeño.

D-d
dirse: irse.

E-e
estopa: parte basta o desechos del lino o del cáñamo luego que se peina.

F-f
facón: cuchillo grande de punta aguda.
fulera: fea, sin gracia.

G-g
galope: modo de caminar de las caballerías más acelerado que el trote.
garrapata: ácaro que se adhiere a la piel y chupa la sangre de los mamíferos.
gaucho: paisano que habitó las pampas argentino-uruguayas / diestro, buen jinete.
gringo: para el gaucho, cualquier extranjero.
guampa: cuerno o asta del vacuno.
guasca: lonja de cuero crudo.
guascazo: golpe dado con una guasca o con un rebenque.
güeya: huella.

H-h
hiede: arroja olor nauseabundo y penetrante.

J-j
jagüel: pozo sin brocal / bebedero del ganado.

L-l
ladino: astuto, taimado.
lonja: tira de cuero descarnado - látigo.

M-m
macá: ave palmípeda rioplatense.
malacara: caballo con una mancha blanca en la frente.
mamado: chupado, borracho.
mancarrón: caballo malo, matalón.
manear: aprisionar las manos de un caballo o una res con una correa o manea.
matambre: carne de la res que cubre el costillar y que suele enrollarse.
mate: infusión característica del gaucho que se hace con yerba y agua que se coloca en una calabaza y se sorbe por medio de una bombilla.
matrero: vagabundo, perseguido, huido.
maula: cobarde, despreciable.

N-n
noria: aparato giratorio movido por un caballo, que se usa para sacar agua.

Ñ-ñ
ñandú: avestruz americano.
ñandubay: árbol de madera rojiza muy dura.
ñudo: nudo.

O-o
ojota: calzado a manera de sandalia, hecho de cuero o de filamento vegetal.
overo: caballo de pelaje claro, a veces con manchas de otro color.

P-p
pa': para.
palenque: poste o estacada para amarrar los caballos.
pampero: viento recio que sopla en la región pampeana.
parejero: caballo o yegua adiestrado para correr en parejas.
pastoriar: pastar.
pava: hembra del pavo; caldero con pico que se usa para calentar el agua del mate y para cebarlo.
peludo: armadillo, mulita o quirquincho / borrachera.
pial: lazo que se tira a las manos del yeguarizo o vacuno para voltearlo en su carrera.
picana: especie de aguijón de hierro montado sobre un palo que se usa para picar y aguijonear a los bueyes.

pilcha: prenda de la vestimenta.
pingo: caballo vivo y corredor, de buena estampa.
pitar: fumar.
poncho: prenda de abrigo propia del gaucho que va de los hombros hasta las rodillas, de lana de oveja o vicuña, de forma rectangular y con una abertura en el centro para pasar la cabeza.
puchero: plato equivalente al cocido español; cocimiento de carne, papas y otras verduras a elección, generalmente con choclos.
pucho: voz indígena que designa la colilla del cigarrillo / vulgarmente, se denomina así al cigarrillo.
pulpería: negocio de campaña en el cual se venden artículos diversos y se despacha bebida.
pulpero: el que posee y atiende una pulpería.
puyón: púa que se pone en las patas de los gallos de riña.

Q-q

querencia: sitio donde se vive, pago.
quereras: larvas o huevecillos de insectos de la carroña.

R-r

recado: conjunto de las prendas de la guarnición de montar o apero criollo.
reñidero: pequeño circo donde se efectúan las riñas de gallos.
resero: paisano que conduce tropas de ganado.
reyuno: caballo perteneciente al estado.
roldana: rodaja por la que corre la cuerda del balde.

S-s

sarna: enfermedad contagiosa que produce picazón intensa y peladuras en el cuero.

T-t

taba: juego criollo que consiste en arrojar un huesito de la pata del carnero para ver de qué lado cae.
taita: compadrón, valentón.
tasajo: pedazo de carne seco y salado.
tiento: tira fina de cuero.
tísico: tuberculoso.
tranquera: portón de un corral o una estancia.
trote: paso acelerado de las caballerías en un avanzar saltando.
truco: juego de naipes muy usado en la campaña.

V-v

vinchuca: insecto chupador de sangre que trasmite enfermedades.
vizcacha: roedor del tamaño de una liebre que vive en madrigueras.
vizcachera: madriguera de la vizcacha.
voltiar: voltear.

Y-y

yaguareté: jaguar.
yarará: víbora muy venenosa.
yerba: nombre criollo de la hierba usada para cebar mate.
yesca: yerba seca preparada para arder en el yesquero.
yesquero: artilugio donde se lleva la yesca y el eslabón para encender fuego.

Bibliografía

Consejo Nacional de Educación - *Antología Folklórica Argentina para las escuelas de adultos* - Ed. Kraft, Buenos Aires, 1940
Del Campo, Estanislao - *Fausto* - Ed. Jackson de Ediciones Selectas, Buenos Aires, 1948
Güiraldes, Ricardo - *Don Segundo Sombra* - Ed. La Grulla, Buenos Aires, 1998
Hernández, José - *Martín Fierro* - Ed. La Grulla, Bs. As., 1998
Inchauspe, Pedro - *Voces y Costumbres del Campo Argentino* - Santiago Rueda Editor, Buenos Aires, 1944
Lanuza, José Luis - *Al Margen del Cancionero Criollo* - Revista Leoplán - (Serie de artículos), Buenos Aires
Moya, Ismael - *Refranero* - Universidad de Buenos Aires, Buenos Aires, 1944
Villafuerte, Carlos - *Refranero de Catamarca* - Academia Argentina de Letras, Buenos Aires, 1972